Der Bücherbär

Sammelband

KNISTER,
geboren 1952 in Wesel.
KNISTER schreibt Bücher, macht Musikkassetten und CD-ROMs.
Verrückt, lustig und spannend. Immer!
Lieblingsfarbe: BUNT
Lieblingsessen: Spaghetti zu jeder Tageszeit
Hobby: In einer Rockband spielen
Sternzeichen: Frosch

Birgit Rieger
lebt und arbeitet in Berlin. Als freischaffende Grafikerin
gestaltet und illustriert sie Bücher für Kinder und Jugendliche.

KNISTER

Zauberhafter Abenteuerspaß mit Hexe Lilli

Drei Geschichten für Erstleser

Mit farbigen Bildern
von Birgit Rieger

In neuer Rechtschreibung

***

1. Auflage 2007
© Edition Bücherbär im Arena Verlag GmbH, Würzburg 2007
Alle Rechte vorbehalten
Einband und Illustrationen: Birgit Rieger
Gesamtherstellung: Westermann Druck Zwickau GmbH
ISBN 978-3-401-09160-0

www.arena-verlag.de

Inhalt

Hexe Lilli und die wilden Dinos   7

Hexe Lilli entdeckt Amerika   53

Hexe Lilli und
der verrückte Ritter   105

Hexe Lilli
und die wilden Dinos

Das ist Lilli.

Lilli hat ein Buch,
ein ganz besonderes Buch.
Ein Hexenbuch.
Eines Tages
lag es neben ihrem Bett,
einfach so.
Im Hexenbuch
stehen tolle Zaubereien
und wilde Hexentricks.
Von mancher Hexerei
wird auch in diesem Buch berichtet.

9

Aber mach sie bloß nicht nach!
Hast du nur ein Wort
falsch gelesen,
wird Zahnbürste zum Hexenbesen.
Aus Lehrerin wird böser Schurke.
Aus Eis am Stiel wird saure Gurke.
Lilli hat niemandem
von ihrem Buch erzählt.
Sie ist eine richtige Geheimhexe!
Lillis kleiner Bruder heißt Leon.
Er geht ihr manchmal
ganz schön auf die Nerven.
Lilli hat ihn aber
trotzdem sehr lieb.

Ein kleiner Bruder nervt

Lilli und Leon sind allein zu Hause.
Leon spielt mit seinen Dinos.
Er hat eine große Sammlung
aus Plastik.
Heute hat er alle Dinos
in seinem Zimmer aufgebaut.
Lilli kommt herein.
Sie hat Langeweile
und will mit Leon spielen.
Deshalb hockt sie sich
zu Leon auf den Boden
und nimmt sich einen Dino.
Langsam lässt sie ihn
über den Teppich wandern.
Aber Leon nimmt ihr den Dino
aus der Hand und erklärt:

„Das ist ein Flugsaurier.
Der kann nur fliegen!"
Leon lässt den Saurier
durch die Luft kreisen.
Lilli nimmt sich einen anderen Dino
und lässt ihn friedlich
auf dem Teppichboden grasen.

Aber wieder
nimmt Leon
ihr den Dino weg.
Er sagt wichtig:
„Das ist ein Fleischfresser!
Ein Tyrannosaurus Rex.
Der frisst kein Gras!"
Lilli dreht die Augen.
„Außerdem ist
der Tyrannosaurus Rex
der Stärkste",
sagt Leon. „Den will ich!"

„Ich denke, wir spielen gemeinsam",
sagt Lilli genervt.
Dann nimmt sie sich einen Langhals
und lässt ihn gemütlich
über den Teppich wandern.
„Den hier kenne ich!", sagt Lilli.
„Das ist ein Brontosaurus.
Ich nenne ihn Fridolin."
„Und wie heißt
deiner?"

Aber Lilli bekommt keine Antwort.
Stattdessen springt Leon sie
mit seinem Tyrannosaurus an.
„Uaahh!", brüllt er wie wild
und hämmert mit seiner Figur
auf Lillis Dino ein.
Bis Lilli sich wehrt.
Mit einem einzigen Schubs
lässt sie ihren kleinen Bruder
durchs Zimmer kugeln.

Jetzt sitzt Leon bedröppelt
in einer Ecke und schimpft:
„Das ist gemein!
Ich hab den Tyrannosaurus Rex!
Ich bin der Stärkste!"
„Und ich bin Lilli!
Und habe die Nase voll", sagt Lilli
und geht zurück in ihr Zimmer.
Sie hat nämlich
eine verrückte Idee!
Mit ihrem Zauberbuch
will sie sich
einen echten Dino herzaubern.
Natürlich nur einen ganz kleinen,
damit er auch
in ihr Zimmer passt.
Einen Zauberspruch für Dinos
findet sie.

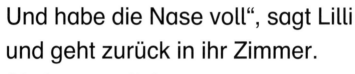

Aber keinen Spruch für Babydinos!

Lilli überlegt:

Dinos werden aus Eiern gebrütet.

Vielleicht sollte sie einfach

ein Dino-Ei herbeizaubern?

Dazu müsste sie

einen Dinozauberspruch

mit einem Eierzauberspruch

verbinden.

Lilli will es versuchen . . .

Im Backofen wird gebrütet

Gerade will Lilli loshexen,
da fällt ihr ein:
Sie muss unbedingt
die richtige Reihenfolge einhalten.
Sonst zaubert sie vielleicht
zuerst einen Riesendino
und dann ein Ei in ihr Zimmer.
Oder umgekehrt.
Ein Ei wäre ja nicht schlimm,
aber ein Riesendino . . .

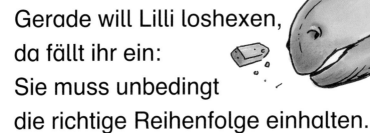

Ein ausgewachsener
Langhals ist höher
als ein Haus!
Er würde mit seinem Kopf
durch das Dach krachen.
Furchtbar!
Aber welche ist
die richtige Reihenfolge?
Mist.
Soll sie aufgeben?
Lilli grübelt.
Sie hätte doch sooo gern
einen kleinen Dino.
Lilli grübelt und grübelt.

Wenn sie zuerst
den Eierzauberspruch sagt,
und erst danach
den Dinozauberspruch,
müsste es richtig sein.
Und wenn nicht???
Egal! Lilli wagt es.
Die letzten Zeilen sagt
sie sehr langsam.
Sie ist ja soooo gespannt.

„Hexazyklos Eiertanz,
Thyrokokus Saurierschwanz,
Vita in der Eierschale,
lande in dem Hexensaale!"

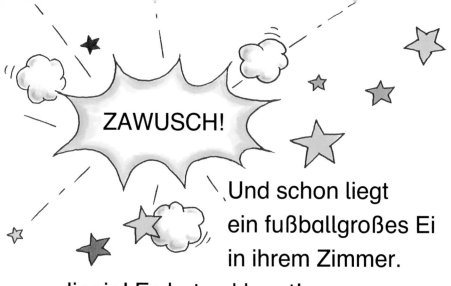

ZAWUSCH!

Und schon liegt
ein fußballgroßes Ei
in ihrem Zimmer.
Jippie! Es hat geklappt!
Sofort trägt Lilli das Ei in die Küche
und legt es in den Backofen.
Sie dreht den Schalter
auf die kleinste Stufe.
Lilli schließt die Klappe und wartet.
Durch das kleine Fenster
kann sie in den Backofen schauen.

Aber dort drinnen
tut sich nichts.

Muss Lilli den Ofen heißer stellen?
Lieber nicht.
Sie will den Dino ja nicht backen,
sondern nur ausbrüten.
„Zum Brüten braucht man Geduld",
sagt Lilli zu sich selbst.
Gebannt starrt sie auf das Ei
und fühlt sich fast
wie eine Glucke.
Plötzlich bewegt sich das Ei.
Lilli hält den Atem an.

Dann springt plötzlich
die Schale auf.
Ein kleiner grüner Kopf bohrt sich
langsam ins Freie.
Dunkle Augen schauen neugierig.
Schnell öffnet Lilli die Backofentür
und hilft dem kleinen Kerl
aus der Schale.

Sie nimmt das Dinobaby
auf den Arm.
„Süß", sagt Lilli.

Ein anderes Wort fällt ihr nicht ein.
Es ist ein kleiner Brontosaurus.
Er schaut Lilli
aus seinen großen Augen
freundlich an.
Gerade so, als wollte er sagen:
„Du bist also meine Mama. Hallo!"
Lilli trägt ihn in ihr Zimmer.
 Mit einem herumliegenden Socken
tupft sie ihn vorsichtig ab.
„Du hast sicher Hunger",
sagt Lilli.
„Warte mal."
Sie setzt den Dino
in ihren leeren Papierkorb.
Obwohl er noch ein Baby ist,
ragt sein Kopf schon
über den Rand hinaus.

Dann geht Lilli in die Küche
und holt einen Apfel.
Sie schneidet ihn in kleine Stücke.
Die Apfelschalen mag das Baby
am liebsten.
Gierig futtert es sie auf.
Lilli ist begeistert.
So ein Dinobaby macht viel Spaß.
„Warum nicht
noch einen herzaubern?",
sagt Lilli zu sich selbst.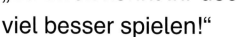
„Zu zweit könnt ihr doch
viel besser spielen!"

Eine bissige Überraschung

Lilli starrt gebannt
durch das Backofenfenster.
Dieses Mal
muss sie nicht so lange warten.

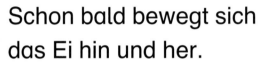

Schon bald bewegt sich
das Ei hin und her.
Dann bohren sich
plötzlich spitze Krallen
von innen durch
die Schale.

Jetzt geht alles ganz schnell.
Schwupp –
und schon steht ein kleiner Dino
im Backofen.
Lilli sieht auf den ersten Blick,
dass es kein Langhals ist.

„Ein Tyrannosaurus Rex",
platzt es aus ihr heraus.
Frech blickt
das kleine Wesen Lilli an.
Lilli ist mulmig zumute.
„Du siehst auch
irgendwie drollig aus",
sagt Lilli.
Aber ihre Stimme zittert.

Vorsichtig will sie den Kleinen
aus dem Backofen heben.
Aber der Schlingel
nutzt die erste Gelegenheit,
um nach ihr zu schnappen.
Lilli schafft es gerade noch,
ihre Finger zurückzuziehen.
„He, du Frechdachs.
Du bist aber wirklich
ein bissiger Geselle!"

Der Rex ist nicht größer
als ein Meerschweinchen.
Trotzdem möchte Lilli nicht
mit seinen spitzen Zähnen
Bekanntschaft machen.
Denn das würde bestimmt wehtun.
Sie packt ihn im Nacken.
So kann er sie nicht beißen.
Dann trägt sie ihn
in ihr Zimmer.

Kaum hat der Tyrannosaurus
den Langhals entdeckt,
faucht er ihn grimmig an.
„Du wirst sicher Hunger haben",
sagt Lilli mit sanfter Stimme.
„Wenn du erst gefressen hast,
bist du sicher friedlich."
Sie setzt den Tyrannosaurus
in den hohen Pappkarton,
in dem ihre Rollerskates
verpackt waren.
Dann bietet sie auch ihm
kleine Apfelstückchen an.
Aber die probiert er nicht einmal.

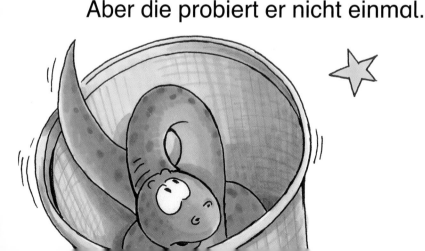

Im Gegenteil.
Mit seinem
gezackten Schwanz
versucht er, die Apfelstückchen
aus dem Karton zu kicken.
Dabei faucht er grimmig.
„Ach, du bist ja ein Fleischfresser!",
sagt Lilli.
Schnell holt sie eine Wurst
aus dem Kühlschrank.
Die probiert der Rex zwar,
spuckt sie aber
in hohem Bogen wieder aus.

Er wird immer wütender.
Wild trommelt er
mit seinem Schwanz
und kratzt mit seinen
scharfen Krallen
am Pappkarton.
Das sieht zu komisch aus.
„Du willst wohl ausbrechen!",
sagt Lilli und lacht.
Aber raus kann er nicht.
Dazu ist der Karton zu hoch.
„Mit Fleisch könnte ich dich
sicher beruhigen",
überlegt Lilli laut.
Aber woher soll Lilli
Fleisch nehmen?
Da kommt ihr eine Idee:
Vielleicht frisst er Hundefutter?

Lilli will keine
Zeit verlieren.
Sorgfältig schließt sie den Deckel.
Das scheint den Tyrannosaurus
nur noch wilder zu machen.
Er tobt und bollert wüst
in seinem Gefängnis.
Der Brontosaurus duckt sich
ängstlich im Papierkorb.

Vorsichtig hebt Lilli ihn heraus.
„Ich bringe dich in Sicherheit",
sagt sie.

Und setzt ihn
in einen großen Geschenkkarton.
„Hier kann dich der Vielfraß
nicht erwischen."
Vorsichtig biegt sie
seinen langen Hals nach unten.
Nun kann sie auch
diesen Deckel schließen.
Sicher ist sicher.
Dann geht Lilli in Leons Zimmer.
Der spielt immer noch
mit seinen Dinos.
Den Streit mit Lilli
hat er schon vergessen.
„Ich muss eben was besorgen",
sagt Lilli. „Mach bitte keinen Unsinn
und fass bloß nichts an!
Ich bin ganz schnell zurück!"

Noch ehe Leon nachfragen kann,
ist Lilli schon aus der Tür.
Das Geschäft für Hundefutter
ist gleich um die Ecke.
Lilli beeilt sich sehr.
Erstens warten ihre Dinos
und zweitens:
Bei Leon kann man nie wissen . . .

Neugierde hat Folgen

Und was macht Leon?
Kaum ist Lilli aus dem Haus,
schaut er in ihr Zimmer.
Was stehen denn da für Kartons?
Warum stehen sie
mitten im Zimmer?
Und was ist drin?
In einen könnte
er ja mal reinschauen!

ÜBERRASCHUNG!

Ein Langhals!

Noch schöner als seiner.

Und bewegt er sich nicht sogar?

Tatsächlich, er lebt!

Leon quiekt vor Entzücken.

In der anderen Kiste beginnt es jetzt,

heftig zu rumoren.

Was hat das zu bedeuten?

„Hallo! Ist da jemand drin?",

brüllt Leon die Kiste an.

Die wackelt immer mehr.

„Ist da jemand?", ruft Leon

und klopft an die Kiste.

Von drinnen bollert es zurück.

Leon wundert sich.

Plötzlich kippt der Karton um.

Leon wundert sich noch mehr.

Jetzt will er unbedingt
hineinschauen.
Vorsichtig öffnet er den Deckel.
WUSCH!!!
Der Tyrannosaurus Rex
springt Leon entgegen.

Doch Leon ist schneller.
Der Rex erwischt ihn nicht.
Längst ist Leon schreiend
aus dem Zimmer gerannt.
Der Tyrannosaurus Rex
jagt fauchend hinter Leon her.
Leon rennt in den Flur.
Der Dino hinterher.
Leon rennt ins Wohnzimmer.
Der Dino hinterher.
Leon rennt wieder in den Flur
und dann in die Küche.
Er versteckt sich
unter dem Küchentisch.

Zu dumm, denn dort wird ihn
der kleine Rex zuerst entdecken . . .
Leon hält die Luft an.
Doch: Wo ist der Dino?
Leon lauscht.
Er hört komische Geräusche
aus Lillis Zimmer.
Vorsichtig schleicht sich Leon an.
Er schaut durch den Türspalt.
Was sieht er da?
Wütend rennt der Rex immer wieder
gegen den Geschenkkarton.
Doch er schafft es weder,
ihn umzuwerfen,
noch hineinzuspringen.
Nur der Deckel rutscht herunter.
Und oben schaut der Kopf
eines Brontosaurus heraus.

Der schaut so verdutzt,
als ob er sagen wollte:
„Was geht hier vor?"
Das macht den Fleischfresser
nur noch wütender!
Er bollert wild gegen
den Pappkäfig.
Leon muss jetzt mutig sein!
Er will den Langhals retten.
Er hat auch schon eine Idee.
Leon holt einen Besen.
Mit dem Stiel versucht Leon,
den Rex von der Kiste
fernzuhalten.

Aber er macht alles
nur noch schlimmer!
Aus Versehen kippt er die Kiste um.
Sofort stürzt sich
der Tyrannosaurus Rex
auf den Brontosaurus.

Oh nein!
Leon macht sich Vorwürfe.
Hätte er doch nur auf Lilli gehört
und wäre nicht
in ihr Zimmer
gegangen . . .

Zähne blitzen auf

In diesem Moment
taucht Lilli wieder auf.
Mit einem Blick
erfasst sie die Gefahr.
Schnell hastet sie
zu ihrem Kleiderschrank.
Sie durchwühlt die Schublade.
Kleidungsstücke fliegen
durch ihr Zimmer.

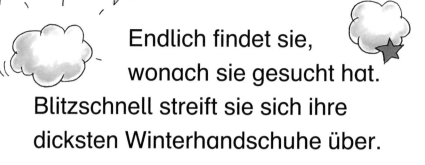

Endlich findet sie,
wonach sie gesucht hat.
Blitzschnell streift sie sich ihre
dicksten Winterhandschuhe über.

Sie sieht die Reißzähne
des Fleischfressers aufblitzen.
Gut geschützt, kann sie
den Übeltäter jetzt packen.
Das war wirklich im letzten Moment!
Ihr Herz klopft bis zum Hals.
Schnell stopft sie die Dinos
wieder zurück in ihre Kartons.

Und Leon?
Der hat sich schnell
in sein Zimmer verkrochen.
Er weiß, was ihn erwartet.
Aber Lilli hat keine Zeit
für ein Donnerwetter.

Sie sucht im Hexenbuch
nach einem Zauberspruch,
um die zwei Dinos
wieder wegzuhexen.
Da hört sie schon Mama
an der Wohnungstür.
Hektisch blättert Lilli im Hexenbuch.
Schafft sie es noch rechtzeitig,
die Dinos zurückzuzaubern?
Und schafft sie es noch rechtzeitig,
ihr kostbares Buch
unter ihrem Bett zu verstecken?

Da öffnet sich die Zimmertür.

Es ist Mama!

Und an ihrer Hand: Leon!

„Mama, Mama!",

brüllt der aufgeregt.

„Lilli hat echte Dinos

in ihrem Zimmer!

Sie sind dort in den Kisten!"

Mama lacht und fragt:

„Sind sie gefährlich?"

„Und ob!", sagt Lilli.

Als sie sieht, dass Mama

in die Kisten schauen will,

ruft sie: „Bloß nicht öffnen!

Sie beißen!"

Spuren in der Küche

Wie ein Experte baut sich
Leon vor Mama auf.
„In welcher Kiste
ist der Brontosaurus?", fragt er Lilli.
Lilli zeigt auf den Geschenkkarton.
Fachmännisch erklärt Leon:
„Mama, du brauchst keine
Angst zu haben!
Hier drin ist ein Pflanzenfresser,
der beißt nicht!"
Ohne auf Lilli zu achten,
öffnet er den Karton
und angelt einen . . .
. . . Plastikdinosaurier heraus.
Leon bleibt vor Staunen
der Mund offen stehen.

Lilli schiebt heimlich mit dem Fuß
die Dose Hundefutter
unter ihr Bett.
Gleichzeitig öffnet sie
die andere Kiste.
„Hier drin ist ein gefährlicher
Tyrannosaurus Rex!", ruft sie.
Während sie einen Plastikdino
herausnimmt, erklärt sie weiter:

„Aber er beißt nur kleine Jungs,
die heimlich im Zimmer
ihrer großen Schwester
herumstöbern."
„Ihr seid mir zwei",
sagt Mama lachend.
„Jetzt aber ab in die Küche!
Es gibt frisches Futter für euch."
„Halt! Nicht in die Küche!",
ruft Lilli. „Dort lauert
noch ein Chaos-Saurier!"
„Was ist das denn für einer?",
will Leon wissen.
„Ich glaube einer,
dem man ordentlich
aus dem Weg gehen sollte",
sagt Mama.
Schnell flitzt Lilli in die Küche.

50

Mit Schrecken ist ihr eingefallen:
Die Eierschalen liegen
immer noch im Backofen!
Die darf Mama natürlich nicht finden.
Außerdem braucht sie die noch:
für eine Reise in die Dinozeit!
Aber das ist eine Geschichte,
die in einem anderen Lillibuch
erzählt werden muss . . .

Hexe Lilli
entdeckt Amerika

Das ist Lilli.

Lilli hat ein Buch,
ein ganz besonderes Buch.
Ein Hexenbuch.
Eines Tages
lag es neben ihrem Bett,
einfach so.
Im Hexenbuch
stehen tolle Zaubereien
und wilde Hexentricks.
Von mancher Hexerei
wird auch in diesem Buch berichtet.

Aber mach sie bloß nicht nach!
Hast du nur ein Wort
falsch gelesen,
wird Zahnbürste zum Hexenbesen.
Aus Lehrerin wird böser Schurke.
Aus Eis am Stiel wird saure Gurke.
Lilli hat niemandem
von ihrem Buch erzählt.
Sie ist eine richtige Geheimhexe!
Lillis kleiner Bruder heißt Leon.
Er geht ihr manchmal
ganz schön auf die Nerven.
Lilli hat ihn aber
trotzdem sehr lieb.

Vorbereitungen für eine abenteuerliche Reise

Lilli sitzt in ihrem Zimmer.
Was hört sie da von nebenan?
Ein Donnern
von Kanonenkugeln,
Wellenrauschen,
wildes Kampfgeschrei
und dazwischen Leon:
„Haut sie kurz und klein!"
Das klingt
nach einer guten Abwechslung.
Lilli eilt neugierig in Leons Zimmer.
Hier dröhnt
eine Hörspielkassette so laut,
dass Leon Lillis Eintreten
gar nicht bemerkt.

Er wälzt sich auf dem Boden
und kämpft mit seinem Teddybären.
Er ruft: „Lasst euch
von den Wilden nicht unterkriegen!"
Lilli schnappt sich Leons Stofftiger
und lässt ihn an ihrem Hals zappeln.
Sie brüllt aus Leibeskräften:
„Hilfe! Ein wilder Tiger
will mich fressen!"

Leon hört sofort mit Spielen auf
und sagt: „Ich kämpfe nicht
gegen wilde Tiere!
Ich kämpfe gegen wilde Menschen!"
„Wilde Menschen?"
Lilli versteht nicht.
Leon erklärt: „Christoph Columnuss
ist auf sie getroffen,
als er Amerika entdeckt hat!"

„Ach so", sagt Lilli und fügt hinzu:
„Aber wenn ich mich richtig erinnere,
waren sie doch
eigentlich ganz friedlich!"
In diesem Moment
wird das Kampfgetümmel
auf der Kassette leiser.
Der Sprecher erklärt:

„Schließlich retteten sich
Columbus und seine Mannschaft
zurück auf das sichere Schiff."
Und nun hört man Columbus sagen:
„Wie freundlich war der Empfang
bei unserem ersten Besuch.
Und nun dies . . ."
„Hörst du?", sagt Lilli.
„Zuerst ist Columbus in Amerika
ganz herzlich begrüßt worden."

Leon kuschelt sich
an seine Schwester
und schlägt vor:
„Lass uns doch Columnuss spielen
und Amerika entdecken!"
„Es muss Columbus heißen,
du Nuss!", verbessert Lilli.
„Egal!", sagt Leon.
„Ich bin Columnuss und du . . ."
„Ich bin
die spanische
Königin Isabella.
Die hat ihm nämlich
den Auftrag
für die Reise
gegeben."

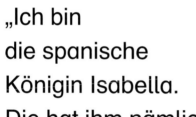
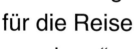
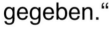

Wenig später hat Lilli sich
Mamas Mantel lose umgehängt
und trägt eine Pappkrone.
Auch Leon hat sich verkleidet.
Mit dem Kochtopf auf dem Kopf
steht er vor der Königin.

„Was führt euch zu mir?", fragt Lilli
und fächelt sich
mit einem Löschblatt Luft zu.
„Ich will Amerika entdecken!",
antwortet Leon.
„Aha, du willst also
den Seeweg nach Indien
für mich suchen. Gute Idee!
Wir könnten
scharfe Gewürze von dort
viel einfacher
hierher transportieren.
Mit unseren Pferden
und Kamelen
dauert es ja ewig!"

„Klar,
mit dem Schiff
geht es schneller,
und es ist auch schärfer",
antwortet Leon als Columbus.
Lilli lächelt und sagt:
„Ich gebe euch drei Schiffe.
Die Santa Maria, die Pinta
und die kleine Niña.
Gute Schiffe,
aber die Mannschaft müsst ihr
euch schon selbst besorgen."

64

Leon trifft Vorbereitungen.
Alle seine Kuscheltiere
sollen mitkommen.
Auch Lilli trifft Vorbereitungen.
Dazu verschwindet sie
in ihrem Zimmer
und verriegelt die Tür.
Ihre Vorbereitungen
sind nämlich streng geheim
und haben
mit ihrem Hexenbuch zu tun . . .

Ahoi! Wir stechen in See!

„Los! Wir stechen in See!",
ruft Leon ein wenig später.
„Heißt die Anker!", brüllt Lilli
aus ihrem Zimmer
und klappt zufrieden
ihr Hexenbuch zu.
„Wer heißt Anker?",
fragt Leon laut zurück.
„Keiner!", erklärt Lilli,
als sie in Leons Zimmer kommt.
„So sagen die Seeleute,
wenn sie losfahren
und den Anker hochziehen."
„Hau ruck, hau ruck!"
Gemeinsam ziehen sie
an der Schnur des Rollladens.

Dann gehen sie an Bord:
Lilli steigt auf Leons Bett
und Leon in einen Karton.
Die Kuscheltier-Mannschaft
hockt in Leons
Papiertonne.
„Ahoi!", ruft Lilli.
„Ahoi!", ruft Leon.

„Ich bin jetzt übrigens
die Spanierin Doña Lilli,
weil die Königin
natürlich nicht mitfährt."
„Klaro, Donnerlilli!",
sagt Leon begeistert.

Nach kurzer Reise ruft Leon:
„Ich sehe Land! Ahoi!"
„Ahoi! Wo?", ruft Lilli.

„Da! Die Tür!", ruft Leon
und fügt noch rasch
ein „Ahoi!" hinzu.

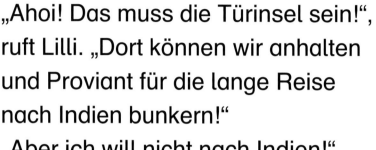

„Ahoi! Das muss die Türinsel sein!",
ruft Lilli. „Dort können wir anhalten
und Proviant für die lange Reise
nach Indien bunkern!"
„Aber ich will nicht nach Indien!",
ruft Leon empört. „Ich will
Amerika entdecken.
So wahr ich
Christoph
Columnuss
heiße!
Ahoi!"

„Keine Panik!", erklärt Lilli.
„Auf dem Weg nach Indien
stoßen wir doch auf Amerika.
Damals wusste keiner,
dass es sozusagen im Weg liegt,
wenn man von Spanien aus
immer nach Westen segelt."
„Ahoi!", ruft Leon. „Und dann
ab in den Bunker!"
„In den Bunker?"
„Du hast doch vorhin
selber gesagt, dass im Bunker
der Proviant liegt",
erklärt Leon.

Lilli verdreht die Augen.
Wieder einmal versteht Leon
überhaupt nichts!
„Die Seeleute sagen
‚Proviant bunkern'
und meinen damit
‚Essen einpacken'.
Ins Schiff! Verstehst du?"
„Ahoi!", antwortet Leon.
Er weiß, dass er damit
nichts Falsches
sagen kann.

Immer Kurs Westen

In der Küche
angekommen,
will Leon rasch
über eine Tüte
Popcorn herfallen.
Lilli blickt ihn strafend an.
Leon nickt verstehend und sagt:
„Klar, das kommt in den Bunker."
Er versorgt sich
mit ausreichend Proviant
genau wie Columbus.
Da fällt Lilli noch etwas ein:
„Unser kleinstes Schiff,
die Niña, braucht ein Segel
wie die großen Schiffe
sonst ist sie viel zu langsam."

Lilli bindet einen Putzlappen
an einen Besen
und steckt ihn
in Leons Pappkarton.
Dann greift sie verstohlen
in ihre Hosentasche
und klaubt einen Zettel heraus.
Sie hat sich
einige Zaubertricks notiert,
die Leons Reise
etwas echter
und aufregender
machen sollen.
Dieser Zeitpunkt
ist jetzt gekommen.

Lilli murmelt leise.
Leon versteht nur
„Wenn ich niese . . .“
und „steife Brise“.
Dann niest Lilli dreimal sehr laut.
Und beim letzten Hatschi
braust mit einem Mal
ein ordentlicher Windstoß
durch die Küche.
Das neue Segel bläht sich
und gleichzeitig fliegen wild
alle Geschirrtücher vom Haken.

Ein paar Plastikbecher
sausen vom Wandbord,
und ein Blumentopf
geht krachend zu Boden.

Leon aber
hat nur Augen
für sein Segelschiff
und klatscht begeistert
in die Hände.

75

Lilli schaut
mit mulmigem Gefühl im Magen
auf die verwüstete Küche.
Doch als sie
Leons glückliches Gesicht sieht,
brüllt sie gegen
das Pfeifen des Windes:

„Ahoi! Wir müssen
immer nach Westen!"

„Wo ist Westen?", ruft Leon.
„Dort, wo abends
die Sonne untergeht",
schreit Lilli mit wehenden Haaren.
„Ahoi!", antwortet Leon.
Sie nehmen Kurs
Richtung Wohnzimmer,
wo der Wind zu Lillis Erleichterung
nur als Hauch zu spüren ist.
Lilli hat schon viel
über die Entdeckung
Amerikas gelesen.
Und sie
erinnert sich,
dass die
Mannschaft
sehr bald glaubte,
Land zu sehen.

Aber das war ein Irrtum.
Sie sahen kein Land,
sondern einen riesigen Teppich
aus Seealgen.
Lillis Augen funkeln,
als sie einen weiteren
geheimnisvollen Zettel
aus ihrer Hosentasche
zieht . . .

Meuterei liegt in der Luft

Leon hat schon mehrmals
das Wohnzimmer durchsegelt,
als Lilli ruft: „Ahoi!
Man hat Land gesichtet!
Grünes Land!"
Schon öffnet sie die Wohnungstür –
was für eine Überraschung!

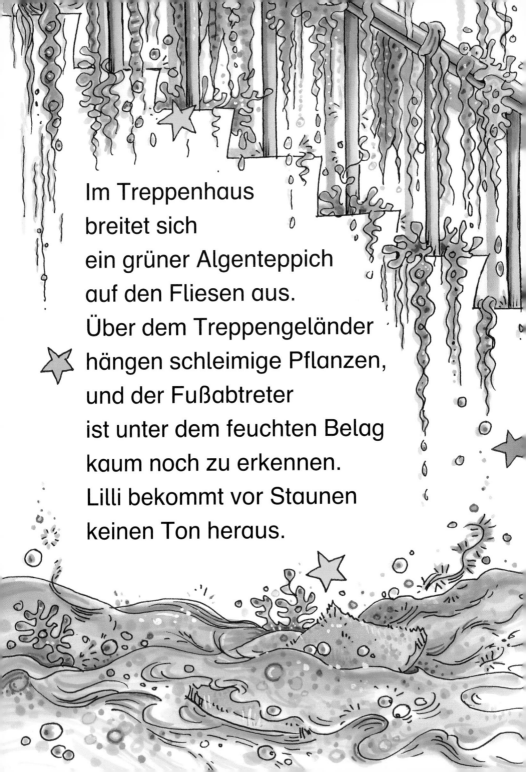

Im Treppenhaus
breitet sich
ein grüner Algenteppich
auf den Fliesen aus.
Über dem Treppengeländer
hängen schleimige Pflanzen,
und der Fußabtreter
ist unter dem feuchten Belag
kaum noch zu erkennen.
Lilli bekommt vor Staunen
keinen Ton heraus.

So echt hat sie sich
das nicht vorgestellt.
„Ist ja ekelhaft!", ruft Leon
und schnuppert.
Es riecht irgendwie fischig.
Lilli hat nun
ihre Sprache wiedergefunden:
„Oje", stöhnt sie.
„Wie kriege ich das nur wieder weg?"
„Einfach durchsegeln!", sagt Leon
immer noch naserümpfend.
„Das Zeug muss weg,
bevor Mama zurück ist!",
ruft Lilli verzweifelt.
Hoffentlich kommt jetzt niemand.
Der Hausmeister würde
einen Anfall bekommen,
wenn er diese Sauerei sähe.

Entschlossen reißt Lilli
den Mast samt Segel
aus Leons Schiff
und schnappt sich
die Tonne . . .

Dann beginnt sie, wie eine Wilde
die Fliesen zu schrubben.
„Los, hilf mir!", fordert sie Leon auf.
Aber damit ist
Leon nicht einverstanden.
„Columnuss muss nicht putzen!
Er ist der Kapitän!
Los, putz, Donnerlilli!"

Lilli putzt und wischt
wie besessen weiter.
Leon steht mit verschränkten Armen
in der Wohnungstür.
Er zieht eine wichtige Miene
und schaut zu.
„Ich mache gleich
eine Meuterei!",
ruft Lilli, weil ihr
einfällt,
dass die
Columbus-Mannschaft
an dieser Stelle
auch fast
gemeutert hätte.

„Wer meutert, wird ausgepeitscht!",
droht Leon und lässt seinen Gürtel
über dem Kopf kreisen.
„Das ist aber nicht Columbus-Art",
belehrt Lilli ihn.

„Ahoi!", sagt sie,
als sie ihr Werk vollendet hat,
und stellt Leon
die Tonne vor die Füße.
„Hier, ich habe Algensuppe gekocht."
Leon verzieht das Gesicht.

„Müssen wir die essen?",
fragt er angewidert.
„Wir?", sagt Lilli. „Nö.
Die ist nur für den Kapitän!"
Sie taucht etwas
von Leons Popcorn
in die grüne Brühe
und reicht es ihm.
„Ist sehr gesund für Kapitäne!"

Als Leon tatsächlich Anstalten macht,
das Ekelzeug zu probieren,
wirft Lilli die Tunke
zurück in die Blechtonne.

„Los, weiter! Wir haben
eine Aufgabe zu erfüllen.
Ahoi!"
Leon ist erleichtert
und strahlt wieder
über beide Backen.
„Ahoi!
Jetzt entdecken wir
Amerika!"

Lilli erklärt Leon:
„Das Essen auf dem Schiff damals
war wirklich ekelhaft.
Columbus hatte ja nicht
damit gerechnet,
so lange unterwegs zu sein.
Der Schiffszwieback
war voller Würmer.
Und das bisschen,
was ihnen an Vorräten
geblieben war,
mussten sie auch noch
mit den Ratten teilen."

„Igitt, wie eklig!

Und wann kommen wir endlich an?",

drängelt Leon.

„Wir müssen Geduld haben,

genau wie Columbus.

Weiter nach Westen.

Immer weiter!"

Es geht zurück in die Wohnung

und durch den Flur

in Richtung Schlafzimmer.

„Ahoi! Ich sehe Land!", ruft Leon,
um die Fahrt zu verkürzen.
„Genau so ist es
der Mannschaft von Columbus
auch ergangen.
Sie hatte Langeweile",
erklärt Lilli. „Überall, glaubten sie,
Land zu sehen.
Aber sie täuschten sich oft."
Lilli spürt, dass sie
genau wie Columbus
ihre Mannschaft
bei Laune halten muss.
Und so greift sie ein drittes Mal
in ihre Hosentasche . . .

Die Fahrt ins Ungewisse

ZAWUSCH!

Das Schlafzimmer
ist in dichten Nebel gehüllt.
Man kann die eigene Hand
kaum vor den Augen sehen.
„Ojemine!",
platzt es aus Leon
heraus.

Lilli ist begeistert und erklärt:
„Genau so war es bei Columbus.
Von Weitem haben seine Leute
die Nebelbank für Land gehalten
und geglaubt,
sie hätten ihr Ziel erreicht."
„Aber man kann doch
gar nix mehr sehen!",
jammert Leon.
„Wart's ab!
Man braucht Geduld
im Nebel,
damit man nicht blind
auf ein Riff donnert."

„Aber ich will endlich
Amerika entdecken
und gefeiert werden!", quengelt Leon.
Lilli holt tief Luft.
So hat sie sich das nicht vorgestellt.
Sauer reißt sie das Fenster auf,
damit der Nebel abziehen kann.
Aber, oh Schreck!
Was ist das?

Auch draußen ist es so nebelig,
als wäre eine Riesenpackung Watte
auf die Stadt gefallen.
Nichts ist mehr zu erkennen.
Keine Straßen, keine Häuser,
keine Autos.
Wie durch eine Daunendecke
hört man von ferne
das Tatüüü-Tataaa der Feuerwehr.

Ein Glück nur, dass niemand weiß,
wer für den schlimmen Nebel
verantwortlich ist!
„Verflixt! Ich konnte doch nicht
damit rechnen, dass ich gleich
die ganze Stadt einnebel!",
sagt Lilli zu sich selbst.
Vorsichtig tastet sie sich
in ihr Zimmer
und holt ihr Hexenbuch
aus dem Versteck unter dem Bett.

Sie will den Zauber
rasch rückgängig machen.
Aber der Nebel ist einfach zu dicht!
So kann sie nicht lesen. Mist!
„Hilfe, Lilli!",
jammert Leon in diesem Moment.
„Ich hab mir die Nase
an der Türinsel eingerammt!"
„Beweg dich nicht vom Fleck",
schreit Lilli ihrem Bruder
durch den Dunst zu.

„Wir müssen abwarten,
bis sich das Zeug auflöst!"
Und halb laut sagt sie zu sich selbst:
„Aber was ist,
wenn das nie passiert . . .?
Mist! Mist! Mist!"
Da klingelt das Telefon.
Auch das noch!
Völlig blind tastet sich Lilli
ins Wohnzimmer.

Mama ist am Apparat.
„Ja, hier ist es
auch schrecklich nebelig . . .
. . . nein, es ist nix passiert . . .
Leon ist bei mir . . .
Nein, wir gehen nicht
aus dem Haus.
Wo bist du denn? . . .
Und da ist es auch nebelig?
Unglaublich! . . ."
Lilli legt auf.
Sie könnte
vor Verzweiflung
heulen.
Was hat sie da
bloß angerichtet?

Land in Sicht

„Lilliiiii!", brüllt Leon aus dem Flur.
„Ahoi! Ich komme,
Kapitän Columbus!"
Lilli versucht, sich ihre Besorgnis
nicht anmerken zu lassen.
„Herr Kapitän, wir sollten schnell
den Proviant
aus dem Bunker holen.
Die Mannschaft
wird schon unruhig!"

„Gute Idee, Donnerlilli",
sagt Leon und fügt hinzu:
„Es ist ja amerikanisches Popcorn,
wir sind also fast da!"
Nicht lange – und der Nebel
beginnt sich tatsächlich
von selbst aufzulösen.
Leon steigt
auf einen Stuhl
und späht in alle
Richtungen.

„Amerika! Ich sehe Amerika!"
Er deutet auf das Indianer-Poster,
das Lilli unbemerkt
an Leons Zimmertür gehängt hat.
Leons Freude über
die Entdeckung
ist riesengroß.
Trotzdem muss Lilli
ihm einiges erklären:

„Columbus ist zwar
in Amerika gelandet,
aber er glaubte, er sei in Indien.
Darum nannte er
die Menschen dort Indianer.“
„Und wer hat ihm gesagt,
dass das falsch ist?“,
will Leon wissen.
„Niemand! Weil es damals
eben niemand wusste.“
„Auch nicht
die Königin von Spanien?“
„Nein, erst lange
nach seinem Tod
hat man herausgefunden,
dass Christoph Columbus
einen ganz neuen Kontinent
entdeckt hat: Amerika!“

Lilli hört die Wohnungstür klappern.
Kurz darauf steht Mama im Zimmer.
„Kinder, ihr glaubt nicht,
was in der Stadt los war.
 Solch dichten Nebel
habe ich noch nie erlebt.
Und er kam aus heiterem Himmel . . .“
Leon fällt Mama
begeistert um den Hals
und ruft: „Hier drinnen
war es auch so nebelig!“

Mama lacht und sagt: „Aber Leon,
im Haus kann es doch gar nicht
nebelig sein."
„Wir waren ja auch nicht im Haus",
sagt Leon eifrig. „Wir waren
auf hoher See.
Und ich habe Amerika entdeckt."
„Das ist natürlich etwas anderes",
sagt Mama und zwinkert Lilli zu.
Lilli zwinkert zurück
und denkt:
Wenn die wüsste!

Hexe Lilli und der verrückte Ritter

Das ist Lilli.

Lilli hat ein Buch,
ein ganz besonderes Buch.
Ein Hexenbuch.
Eines Tages
lag es neben ihrem Bett,
einfach so.
Im Hexenbuch
stehen tolle Zaubereien
und wilde Hexentricks.
Von mancher Hexerei
wird auch in diesem Buch berichtet.

Aber mach sie bloß nicht nach!
Hast du nur ein Wort
falsch gelesen,
wird Zahnbürste zum Hexenbesen.
Aus Lehrerin wird böser Schurke.
Aus Eis am Stiel wird saure Gurke.
Lilli hat niemandem
von ihrem Buch erzählt.
Sie ist eine richtige Geheimhexe!
Lillis kleiner Bruder heißt Leon.
Er geht ihr manchmal
ganz schön auf die Nerven.
Lilli hat ihn aber
trotzdem sehr lieb.

108

Ein Besenstiel wird zur Lanze

Es ist Nachmittag.
Lilli und Leon sind allein zu Hause.
Lilli sitzt in ihrem Zimmer und liest.
Auch Leon ist in seinem Zimmer.
Ab und zu hört Lilli ihn rufen:
„Nimm dies! Uhh! Ahh!!",
oder: „JETZT!"
Was er wohl macht?
Plötzlich macht es

PARDAUZ!

Sofort springt Lilli auf
und rennt in Leons Zimmer.

Und was sieht sie?

Leon sitzt auf dem Boden,
verkleidet wie ein Ritter.
Sein Brustpanzer ist ein Karton.
Ein Backblech ist sein Schild.
Seine Hände stecken
in Mutters dicken Topflappen.
Und ein Besenstiel ist seine Lanze.
Als Ritterhelm trägt er
ein Küchensieb. Daran hat Leon
eine Schachtel befestigt.

In die Schachtel hat er
Sehschlitze und Löcher geschnitten –
sein Visier.
Aber das Visier hat sich verkantet.
„Es klemmt fest", schluchzt Leon.
„Warte, ich helfe dir", tröstet ihn Lilli.
Vorsichtig versucht sie,
das Visier hochzuklappen.

Aber Leon jammert:
„Du tust mir weh!
Mama soll kommen!"
Leon lässt Lilli
nicht mehr an sich heran.
Lilli fragt:
„Wie ist das denn passiert?"
Aufgeregt erzählt Leon:
„Ich habe mit meiner Lanze
gegen den Kleiderständer gekämpft.
Und ich habe ihn umgehauen.
Mit einem Schlag!
Aber durch das Visier
konnte ich nicht
richtig sehen . . ."

Jetzt versteht Lilli:
„Der Kleiderständer-Ritter
hat dir dabei so heftig
auf den Helm geschlagen,
dass das Visier festgeklemmt ist?"
„Genau!", nickt Leon.
Er kämpft immer noch
mit den Tränen.
Lilli muss sich ein Lachen
verkneifen.

Ein unglaublicher Ritterschlag

Lilli will Leon ablenken,
bis Mama ihn
von seinem Helm befreien darf.
Darum versucht sie es
mit einer spannenden Geschichte.
Die hat sich
der weltberühmte
spanische
Dichter Cervantes
ausgedacht.
Der Held
seiner Geschichte
ist der Ritter Don Quichotte.
Cervantes hat die Geschichte
so erzählt, dass man denkt,
sie ist wirklich passiert . . .

Lilli dichtet aber etwas hinzu.
Sie übertreibt ordentlich,
damit es für Leon lustiger wird.
Lilli erzählt also
eine fast wahre Lügen-Geschichte:
„Der berühmte Don Quichotte war
genau so ein tapferer Ritter wie du.
Er benahm sich nur manchmal
etwas komisch."
„Was hat er denn gemacht?",
will Leon wissen.

„Don Quichotte wünschte sich sehr,
ein großer Held zu sein",
erklärt Lilli.
„Deshalb dachte er sich
seine Heldentaten oft nur aus
oder bildete sich seine Gegner ein.
Einmal kämpfte er allein
gegen ein ganzes Ritterheer.
Aber das Heer war in Wirklichkeit
nur eine Schafherde.
Ein anderes Mal kämpfte er
gegen einen Riesen.
Aber in Wirklichkeit
war es nur
eine Windmühle
mit Riesenflügeln."

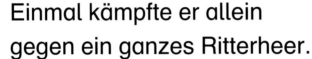

„Und hat er sie besiegt?", fragt Leon.
„Kann man eine Windmühle
besiegen oder eine Schafherde?",
fragt Lilli zurück.
„Wenn sie bissig sind, schon!",
verkündet Leon. „Denn es gibt auch
sehr bissige Schafe.
Richtig gemeine Kampfschafe!"
Lilli verdreht die Augen
und sagt leise:
„Genau. Und bissige,
gemeine Windmühlen
und bissige Kleiderständer . . ."
Aber das bekommt
Leon nicht mit.

Lilli erzählt weiter:
„Einmal hatte Don Quichotte
das gleiche Pech wie du!
Nach einem anstrengenden Tag
voller Heldentaten
kehrte er in eine Herberge ein.
Aber seine Rüstung
war vom Kampf
zerbeult.
Er bekam
seinen Helm
nicht vom Kopf.

Er konnte auch nicht
vom Pferd steigen.
So verklemmt war seine Rüstung.
Bewegungslos saß er im Sattel.
‚Ruft den Schmied!‘,
befahl der verrückte Ritter.
‚Er soll mich
aus der Rüstung befreien!‘
‚Der Schmied ist nicht da!‘,
antwortete die Wirtsfrau.
Was tun? – Don Quichotte hatte
den Kopf zwar eingeklemmt,
aber er war nicht
auf den Kopf gefallen!
‚Bringt einen Dosenöffner!‘, rief er.
Und so wurde der verrückte Ritter
wie ein Fisch
aus seiner Konservendose gepult.

Die Wirtin sagte lachend:
‚Ihr seid sicherlich der erste Ritter,
der mit einem Dosenöffner
die Freiheit erlangt.'
‚Dosenöffner sind gefährlich!',
bemerkte der verrückte Ritter.
‚Aber ein echter Ritter fürchtet
selbst einen Dosenöffner nicht.
Das Problem ist nur:
Ich bin noch kein echter Ritter,
denn mir fehlt der Ritterschlag.'

‚Das haben wir gleich',
sagte die schlagfertige Frau.
Sie griff nach einer Gurke,
dem Erstbesten,
das sie erwischen konnte!
Und so wurde der Fast-Ritter
mit einer Gurke
zum Ritter geschlagen."
„Lustig!", lacht Leon.
„Mit einer Gurke!"
„Den echten Ritterschlag hat er
natürlich später noch bekommen",
erklärt Lilli. „Aber das ist
eine andere Geschichte."

Der geheimnisvolle Zauberspruch

Plötzlich kommt Lilli eine Idee.
Ob sie den verrückten Ritter
herzaubern kann?
Das wäre bestimmt ein Spaß!
„Du bleibst hier sitzen",
beschwört sie Leon.
Sie bringt ihm ein Glas Limonade
mit einem Strohhalm.
Den steckt sie durch sein Visier.
So kann Leon trinken,
und Lilli ist ungestört.

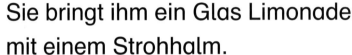

Dann verschwindet sie in ihr Zimmer
und sucht das Hexenbuch.
Sicherheitshalber verrammelt sie
ihre Zimmertür.
Schließlich will sie
eine Geheimhexe bleiben . . .
Unter dem Stichwort »Don Quichotte«
liest Lilli, dass der Ritter
den Hexen und Zauberern
immer wieder Ärger machte.

Darum steht im Hexenbuch
ein Zauberspruch, mit dem man
den verrückten Ritter
loswerden kann.
Lilli überlegt:
Wenn ich den Spruch
rückwärts aufsage,
kann ich Don Quichotte
vielleicht auch herhexen!
Sie murmelt den Spruch rückwärts.

ZAWUSCH!

Und schon steht Don Quichotte
in ihrem Kinderzimmer.

Lilli staunt nicht schlecht.
Der Ritter sieht genauso aus,
wie sie ihn aus den Büchern kennt.
Sehr groß und klapperdürr.
Er trägt eine Ritterrüstung,
und seine Lanze hat er auch dabei.
Verwundert schaut sich
der verrückte Ritter um.
Wo ist er hier gelandet?
Wie ist er hierher
gekommen?
Wer steht da
vor ihm?

Merkwürdige Komplimente

Der Ritter fällt vor Lilli auf die Knie.
Lilli will es nicht glauben:
Ein erwachsener Mann
kniet ihr zu Füßen.
Und was redet er da
für komisches Zeug?
„Seid gegrüßt, schöne Maid!
Ich weiß zwar nicht,
in welcher Burg ich bin,
doch seid Ihr zweifellos
das schönste Burgfräulein,
das ich in den
letzten zwei Minuten
gesehen habe!"

Lilli schnappt nach Luft.
Schon greift der Ritter
nach ihrer Hand, gibt Lilli
einen galanten Handkuss
und singt schrecklich falsch:
„Oh holde Maid
in Eurem schönen Sockenkleid,
Ihr seid mir fast genauso viel wert
      wie Rosinante,
      mein getreues Pferd!"

Lilli zieht ihre Hand zurück
und zischelt: „Der ist ja wohl
total bescheuert."
„Es tut mir leid!", säuselt der Ritter.
„Ich verehre Euch zwar,
doch mein Herz gehört
der holden Dame Dulzinea!
Ihr habe ich ewige Treue
geschworen!"

Lilli verdreht die Augen.
Dulzinea!
Das klingt wie eine Medizin
gegen Bauchschmerzen –
oder wie ein Name
für einen lahmen Ackergaul . . .
Arme Dulzinea.
Wahrscheinlich hat sie ständig
Bauchschmerzen
und bestimmt
Pferdezähne!

„Nennt mir Euren Namen,
süße Maid", sagt Don Quichotte.
„Ihr seid wahrlich süßer
als der Rand
vom Pfannkuchen
und köstlicher
als köstlich rote Grütze!"
Was soll das jetzt wieder heißen?,
denkt Lilli, und sie ist sich sicher:
Dieser Ritter ist wirklich verrückt!
„Ich heiße Lilli", sagt sie knapp.

„Holde Lilli", beginnt Don Quichotte
aufs Neue.
„Ich will Eure Ehre verteidigen.
Allezeit! Keiner soll es wagen . . ."
Weiter kommt er nicht,
denn in diesem Moment
bollert es heftig an Lillis Tür.
„Was hat das zu bedeuten?",
fragt der Ritter erschreckt.
Wieder trommelt es gegen die Tür,
und Lilli hört Leon rufen:

      „Lilli! Guck mal! Mein Helm!
          Er ist wieder heil!"
      „Prima! Aber stör mich
       jetzt nicht!", ruft Lilli
        ihrem Bruder zu.

Ein echter Ritterkampf

Aber wie immer
gibt Leon keine Ruhe.
Er trommelt und brüllt weiter:
„Du musst mich reinlassen!
Ich bin ein Ritter!
Soll ich mit meiner Lanze
die Tür durchbohren?!"
„Du kannst jetzt nicht ins Zimmer!",
ruft Lilli.
„Welcher Ritter wagt es,
meine Angebetete
zu bedrängen?",
fragt
Don Quichotte.

Er springt auf und richtet die Lanze
gegen die Tür.
„Es ist doch nur mein Bruder",
ruft Lilli,
„er will bloß spielen."
„Spielen?!", ruft der verrückte Ritter
und klappt sein Visier zu.
Ehe Lilli ihn bremsen kann,
reißt Don Quichotte die Tür auf.

Zwei Ritter stehen sich gegenüber,
ein großer und ein Dreikäsehoch.
Beide sind sprachlos.
Leon staunt: Ist das Lilli?
Woher hat sie
diese tolle Verkleidung?
Und wie schafft sie es,
sich so furchtbar groß
zu machen?

Da entdeckt Leon seine Schwester
hinter dem Ritter.
Er traut seinen Augen nicht.
Wer steckt im Ritterkostüm?
„Lauf!", schreit Lilli.
Der verrückte Ritter bringt gerade
seine Lanze in Angriffsstellung.
Das muss sie Leon
nicht zweimal sagen.
Schon stürmt er in die Küche.
Der Ritter hinterher.

Eine wilde Verfolgungsjagd beginnt.
Kein Zimmer wird ausgelassen.
Was den beiden
mit ihren sperrigen Lanzen
in die Quere kommt,
wird umgeworfen.

Eine Stehlampe, ein Papierkorb,
drei Küchenstühle, der Telefontisch,
ein Blumenständer und und und . . .
Selbst die Besteckschublade
wird herausgerissen
und scheppert krachend zu Boden.
Immer wilder wird die Jagd.
Das ist ein Lärm!

Schließlich stellt der tapfere Ritter
den kleinen Leon.
Die Spitze der Lanze kommt
Leons Hals ziemlich nahe.
„Verschont ihn, edler Ritter!",
schreit Lilli. „Er ist mein Bruder!
Er will mich beschützen!"
„Das ist fürwahr ehrenwert!",
antwortet Don Quichotte,
    lässt aber seine Lanze
        nicht sinken.

In diesem Moment
klingelt es an der Tür.
„Was höre ich da?",
fragt Don Quichotte verunsichert.
So etwas hat er noch nie gehört!
Und nun bollert auch noch
jemand gegen die Tür.
„Das klingt nach dem
schrecklichen Klingel-Drachen!",
flunkert Lilli.
„Immer will er mich rauben!"
„Ein Drache?!", entgegnet der Ritter.
„Welcher Drache wagt es, sich mir,
Don Quichotte de la Mancha,
in den Weg zu stellen?!"
„Der Drache ist gefährlich!",
behauptet Lilli weiter.

„Er hat sogar einen bösartigen
elektrischen Zahn!"
„Davon habe ich nie gehört!",
ruft Don Quichotte.

„Ich muss mich ihm stellen!"
Der Ritter lässt endlich von Leon ab
und rennt zur Tür.
„Nein!", schreit Lilli.
„Ihr müsst bei mir bleiben
und mich beschützen.
Lasst Ritter Leon nachsehen!"
„Euer Wunsch ist mir Befehl,
holde Maid."
„Los, Leon!", fleht Lilli.
„Geh zur Tür und schau
nach dem Drachen!"
Folgsam geht Leon
zur Tür.

Der Drache vor der Tür

An der Tür zögert Leon.
Er weiß,
dass dort kein Drache lauert.
Aber diese Stimme kennt er
 nur zu gut!
Draußen tobt Frau Knorz,
die Nachbarin.
Sie schimpft ständig
über alle Kinder im Haus.
Immer sind sie ihr zu laut.
Leon legt die Sicherheitskette
vor die Tür.
So ist er sicher vor der Furie.
Durch den Türspalt sagt er:
„Mama ist nicht da!", und will die Tür
schnell wieder schließen.

Aber Frau Knorz hat ihren Fuß
in den Türspalt gestellt.
Jetzt geht die Tür zwar
nicht mehr zu, aber herein
kann die Meckerziege auch nicht.
Sie klingelt, schimpft und bollert.
Hilfe suchend ruft Leon
nach Lilli:
„Es ist kein Drache,
es ist Frau Knorz!"
„Das ist ja noch schlimmer!",
entgegnet Lilli.
Nun ist der verrückte Ritter
nicht mehr zu halten.

ZACK – mit einem Lanzenstreich
hat er die Kette
aus ihrer Verankerung gerissen
und stürmt ins Treppenhaus.
Schnell schickt Lilli Leon
in sein Zimmer:
„Du wagst dich nicht hinaus,
bis ich es erlaube!"
Leon trabt los.
Ausnahmsweise
ohne Widerspruch.

Im Hausflur ertönt
ein fürchterliches Scheppern.
Stürzt da etwa Don Quichotte
im Kampfgetümmel
die Treppe hinunter?
Oder hat er etwa Frau Knorz
über den Haufen gerannt?
Lilli hat jetzt keine Zeit nachzusehen!
Dieser verrückte Ritter
muss zurückgehext werden,
bevor er noch mehr Unheil
anrichten kann.

Lilli rennt in ihr Zimmer.
Schon hält sie das Hexenbuch
in den Händen.
Der Spruch, wo stand er?
Endlich ist die richtige Seite
gefunden!
Draußen ist es inzwischen
verdächtig ruhig geworden.
Was bedeutet das?

Eine Buchseite löst sich in Luft auf

In diesem Moment
stürmt Don Quichotte
in Lillis Zimmer.
Als er Lilli mit dem Buch sieht,
gerät er ganz aus dem Häuschen.
„Ein Buch!", ruft er.
„Ihr könnt lesen?
Ich hatte Euch
bei Eurer Schönheit
nicht für so schlau gehalten!"
Schwups . . . reißt der Ritter
ihr das Buch aus der Hand.
„Lasst mich lesen, holde Maid!",
sagt er.

„Das ist kein Buch für Euch!",
schreit Lilli wütend
und zerrt das Buch zurück.
Aber Pech: Der Ritter hält
die aufgeschlagene Seite fest
und – RATSCH hat er nur noch
die lose Seite in der Hand.
Mist!
„Gebt sie her!", faucht Lilli. „Sofort!!"
Aber der verrückte Ritter
denkt gar nicht daran.
Und

ZAWUSCH!

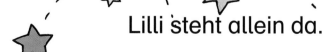

Lilli steht allein da.

Vom verrückten Ritter
keine Spur mehr.
Er hat sich selbst weggehext.
Und die Buchseite
mit dem Zauberspruch
hat er gleich mit weggezaubert.
Egal, Hauptsache der Spuk
hat ein Ende!

Kaum hat Lilli das Hexenbuch
wieder unter dem Bett versteckt,
klingelt es erneut an der Tür.
Lilli atmet tief durch.
Frau Knorz!
Und sie hat Verstärkung
mitgebracht:
zwei Polizisten – auch das noch!

Ein überraschendes Ende

„Die Göre können Sie gleich
mit verhaften, Herr Wachtmeister",
keift Frau Knorz los.
„Sie steckt mit dem Wüstling
unter einer Decke!
Er kam aus ihrer Wohnung – und
er ist auch wieder
dahinein geflüchtet.
Er muss noch drin sein!"
„Kannst du den Mann bitte holen?",
fragt der Polizist Lilli.
„In dieser Wohnung ist kein Mann",
erklärt Lilli bestimmt.
„Glauben Sie der Göre kein Wort!",
zetert die Nachbarin. „Die lügt
wie gedruckt!"

„Treten Sie doch ein,
und überzeugen Sie sich selbst",
bittet Lilli die Polizisten herein.
Aber Frau Knorz warnt: „Vorsicht!
Das Mädchen ist hinterlistig,
und der Mann ist wirklich sehr groß
und stark . . . und er hat
eine gefährliche Lanze!"
Lilli verdreht die Augen.
Sie führt die Polizisten herum
und öffnet sogar
die Schranktüren.
Frau Knorz stapft
siegessicher hinterher.
„So ein Durcheinander",
meckert sie
und zeigt auf Leons Tür:

„Und was ist mit diesem Zimmer?"
Darauf hat Lilli nur gewartet
und verkündet: „Ich gebe auf!
Frau Knorz hat recht.
In diesem Zimmer ist wirklich
ein gefährlicher Mann.
Er ist riesengroß und stark.
Und natürlich hat er auch
eine gefährliche Lanze.
Vorsicht vor dem furchtbaren Ritter!"
Damit öffnet sie Leons Zimmertür.

Die Polizisten brechen gleichzeitig
in schallendes Gelächter aus.
„Tatsächlich,
ein gefährlicher Ritter!",
sagt einer der Polizisten.

„Und wie groß und stark er ist!"
Der Polizist rückt seine Dienstmütze
zurecht und sagt: „Ich glaube,
Frau Knorz sollte sich
bei dem Mädchen entschuldigen."
„Das ist Hexerei,
Herr Wachtmeister!",
kreischt Frau Knorz fassungslos.
„Hexerei, ah ja!",
sagt der Polizist.
Und Lilli sieht,
wie jetzt auch er
die Augen verdreht.

Noch ein unglaublicher Ritterschlag

Frau Knorz verlässt schimpfend
die Wohnung.
Der Polizist schüttelt den Kopf
und sagt zu Lilli: „Du glaubst nicht,
worum wir uns alles
kümmern müssen."
„Um Hexerei zum Beispiel!",
lacht Lilli.
„Genau. Hexerei!",
sagt der Polizist.

„Dann bist du ja wohl
eine wahrhaftige Hexe!"
„Ja, beinahe!", sagt Lilli
und lächelt rätselhaft.

„Und du bist wohl ein echter Ritter",
wendet sich der Polizist an Leon.
Der antwortet prompt: „Fast!
Mir fehlt nur noch der Ritterschlag."
„Das haben wir gleich",
sagt der Polizist.
Und ehe Leon sich's versieht,
wird er von ihm
zum Ritter geschlagen.

Die Polizisten verabschieden sich.
Lilli hat es nun sehr eilig.
Bevor Mutter zurückkommt,
müssen sie aufgeräumt haben.
„Ein Ritterschlag
mit einem echten Polizeiknüppel . . .“,
stottert Leon stolz.
Lilli lacht und sagt:
„Besser mit einem Polizeiknüppel
als mit einer Gurke!“

Willst du wissen, was Lilli mit Don Quichotte
noch weiter Spannendes erlebt hat?
Dann lies nach in dem Buch:

Hexe Lilli und der Ritter auf Zeitreise,
erschienen im Arena Verlag, Würzburg
ISBN 978-3-401-05951-8

KNISTERnde Spannung

Guten Tag.

Ich bin KNISTER, der die Hexe Lilli geschrieben hat. Ich möchte euch gerne mehr über meine Bücher erzählen. Die schreibe ich übrigens zu Hause oder auf einem Segelboot.

Für den Arena Verlag habe ich inzwischen einen ganzen Stapel spannender Bücher verfasst:

Mit vielen Büchern aus der Erfolgsserie – Erstlesern, Kinderromanen, Sachbüchern, Mitmachbüchern, Hexe Lilli auf Englisch und vielen Fan-Artikeln

- Bröselmann und das Steinzeit-Ei
- Wo ist mein Schuh? fragt die Kuh
- Knuspermaus im Weihnachtshaus
- Teppichpiloten jagen durch die Zeiten
- Teppichpiloten – Turboschnelle Abenteuer
- Wer verflixt ist Yoko?
- Yoko und die Gruselnacht im Klassenzimmer
- Yoko mischt die Schule auf
- Die Sockensuchmaschine
- Willi Wirsing
- Der Krimi vom Weihnachtsmann
- Die Reiter des eisernen Drachen
- Knister für die Schule – 14 Unterrichtserarbeitungen

KNISTER im Internet!

Mit KNISTER Spieleseiten!

www.knister.com
www.arena-verlag.de

EDITION BÜCHERBÄR

Arena

Hexe Lilli für Erstleser

ISBN 978-3-401-0**7421**-4

ISBN 978-3-401-0**8185**-4

ISBN 978-3-401-0**7544**-0

ISBN 978-3-401-0**9170**-9

ISBN 978-3-401-0**8900**-3

Englisch lernen mit Hexe Lilli macht mehr Spaß!

ISBN 978-3-401-0**8790**-0

ISBN 978-3-401-0**8949**-2

ISBN 978-3-401-0**9226**-3

www.arena-verla
www.knister.com

Jeder Band: Ab 6 Jahren • 56 Seiten • Format 15,9 x 21,1 cm • Gebunden
Durchgehend farbig illustriert • Mit Hexe Lilli Figur am Lesebändchen

EDITION
BÜCHERBÄR

Viel Vergnügen mit HEXE Lilli

Seit Lilli das Zauberbuch hat, gerät sie von einem Abenteuer in das andere.
Jeder Band enthält viele Bilder und echte Zaubertricks zum Nachzaubern!

Jeder Band: Ab 8 • 96-144 Seiten • Format 15,9 x 21,1 cm • Gebunden • Durchgehend illustriert

HALLO!
Ich bin die Hexe Lilli.
Besucht mich doch im
INTERNET, und schreibt mir
in mein geheimes Hexenbuch.
Ich freu mich drauf!

Hexe Lilli stellt die Schule auf den Kopf
Hexe Lilli macht Zauberquatsch
Hexe Lilli und der Zirkuszauber
Hexe Lilli bei den Piraten
Hexe Lilli und der Weihnachtszauber
Hexe Lilli wird Detektivin
Hexe Lilli im wilden Wilden Westen
Hexe Lilli und das wilde Indianerabenteuer
Hexe Lilli im Fußballfieber
Hexe Lilli und das Geheimnis der Mumie
Hexe Lilli und das Geheimnis der versunkenen Welt
Hexe Lilli und das magische Schwert
Hexe Lilli auf Schloss Dracula
Hexe Lilli auf der Jagd nach dem verlorenen Schatz
Hexe Lilli und der Ritter auf Zeitreise
Hexe Lilli und der schreckhafte Wikinger
Hexe Lilli im Land der Dinosaurier
Hexe Lilli fliegt zum Mond
Hexe Lillis geheime Zauberschule
Hexe-Lilli-Fan-Artikel

Die Hexe-Lilli-Geschichten gibt es auch auf
Kassette und CD von Igel Records und BMG!

Arena

www.arena-verlag.de
www.knister.com

HeXe Lilli erobert die Sachbuchwelt

KNISTER
HeXe Lillis
Sachwissen
Das alte Ägypten

ISBN 978-3-401-09104-4

Hexe Lilli nimmt Kinder ab 7 Jahren mit auf eine abenteuerliche Reise durch die Welt des Wissens. Spannende Themen, verblüffende Fakten, Zusammenhänge leicht verständlich erklärt und jede Menge zum Raten und Tüfteln. Mit Hexe Lilli macht es doppelt soviel Spaß, Neues zu entdecken!

KNISTER
HeXe Lillis
Sachwissen
Piraten

ISBN 978-3-401-09059-7

KNISTER
HeXe Lillis
Sachwissen
Dinosaurier

ISBN 978-3-401-09058-0

Jeder Band: Ab 7 Jahren
48 Seiten • Gebunden
Format 15,3 x 20,5 cm
Durchgehend farbig illustriert
Mit Hexe Lilli Figur am
Lesebändchen

www.arena-verlag.de
www.knister.com

EDITION
BÜCHERBÄR